OU

PENSION MUTUELLE

AUX TRAVAILLEURS

PAR

Léopold BOUTINOT.

PAPETERIE DE LA VILLE DE PARIS.

116, FAUBOURG SAINT-HONORÉ,

A l'encoignure de la Petite-rue-Verte.

1849.

PACIFICATEUR
DES IDÉES SOCIALISTES.

Avant d'entrer en matière, je dois prévenir mes lecteurs que je n'ai pas reçu d'instruction, en conséquence, je les prie d'avoir un peu d'indulgence.

Je suis ouvrier, ceux qui pourront douter de ma franchise pourront s'en assurer en consultant le maire de la commune où je suis né ; cette commune est dans le département de Seine-et-Marne : on l'appelle Ozoir-Laferrière. Mon nom est Léopold Boutinot.

Le titre de *Pacificateur des Idées socialistes* a été choisi parce que, selon moi, les hommes qui, jusqu'à ce jour, ont prétendu défendre la cause des travailleurs, ont égaré ou séduit leur intelligence à l'aide d'idées folles et impraticables.

Il en est de même de ceux qui ont prétendu défendre la propriété et qui n'ont eu d'autre remède à lui opposer que l'aumône ; triste perspective, car les travailleurs ne mendient pas, ils reconnaissent le droit de propriété que nul ne peut contester ; il reste donc entre le travailleur et l'homme qui possède une grande question à résoudre, je soumets mon projet à l'appréciation du public. Mon but n'est pas de détailler les besoins et la misère du peuple, d'autres se sont chargés de ce soin, mais d'indiquer le remède possible sans grever le trésor.

D'où viennent le découragement des travailleurs, leur désertion des campagnes, où leurs bras pourraient rendre de grands services à la culture, et leur agglomération dans les grandes villes ? C'est que dans les campagnes il n'y a pas de sociétés de secours, et qu'en outre, l'éducation est beaucoup négligée. Les ouvriers industriels qui viennent quelquefois visiter leurs parents, vantent les merveilles des grandes villes ; là, il y a des sociétés mutuelles, quand on est malade on reçoit des secours, une fois sorti de l'atelier on n'a pas à rougir en passant devant une personne charitable qui vous aurait aidé pendant votre dernière maladie, on n'est pas non plus humilié par le valet du propriétaire du château voisin, et puis à la grande ville, on y fait parfois fortune : ces braves gens ne voient que le beau côté et ne voient pas que si Paris est la source des fortunes, il est aussi la source des grandes misères.

Ils ne comprennent pas que la vie des campagnes, si douce, sans chaos ni passions, est beaucoup préférable à celle des grandes villes ; là, on n'est pas en contact avec la débauche, on n'y coudoie pas le vice ; s'ils savaient que la culture est une de nos premières industries, et que les bons ouvriers sont rares, ils n'abandonneraient pas leurs villages pour accourir aux grandes villes apprendre des métiers qui tuent quelquefois l'homme avant l'âge fixé par la nature.

J'ai consulté souvent au village des paysans philosophes, je leur disais que si j'avais connu les difficultés et les obstacles que l'on rencontre toujours dans les affaires des villes, je n'aurais pas quitté la campagne, je me serais fait moitié cultivateur, moitié industriel. Vous auriez fait un malheureux, me répondirent-ils, à moins de mettre de côté toute sorte de préventions, car vous devez penser souvent à l'avenir, et ici vous n'y verriez que la misère. Comment cela, leur répondis-je? C'est que quand on est honnête homme et que l'on vieillit, il faut tendre la main ; c'est bon pour nos habitants qui viennent au monde au pays et ne le quittent jamais : ils prennent la misère pour une seconde nature. Alors, je leur dis, si l'on organisait en province des sociétés mutuelles comme dans les grandes villes, on pourrait pensionner les vieux travailleurs et venir en aide aux pères de famille surchargés d'enfants. Il serait à souhaiter, me dirent-ils, alors, il faudrait forcer la plupart à faire partie de cette société ; mais il y a un obstacle, quand il plairait à un adhérent de quitter le canton ou d'aller dans un département opposé, il perdrait son secours.

En effet, ces gens avaient raison, les sociétés particulic. s ne peuvent remplir le but que je me propose ; c'est alors que je m'occupai de me renseigner en consultant les ouvriers de la ville ; là, j'ai rencontré le socialisme enraciné, plusieurs de mes camarades me traitèrent d'aristocrate, je n'eus pas de peine à les convaincre que l'association n'était pas possible dans leur parti ; d'ailleurs, vos caractères ne s'y prêteront pas, vous avez donc oublié que nous nous sommes associés plusieurs fois, que ça a été la source de discordes entre nous, bien que nous ayons un patron pour régler à chacun de nous le travail qu'il avait à faire.

C'est alors que l'un d'eux me dit avec désespoir, il faut donc que je sois, comme mon père, malheureux sur mes vieux jours ; tu connais la fatalité, je ne suis pourtant pas débauché. Enfin, je les encourageais à prendre patience, que l'on finirait par s'entendre, et pour le peu qu'ils le veuillent tout irait bien. Nous avons conversé longuement sur les moyens à employer, et nous sommes tombés d'accord sur la question suivante :

Il faut absolument que l'ouvrier et le maître puissent traiter de gré à gré, sans l'intervention de personne ; ils sont convenus avec moi, que souvent les sociétés de corporations nuisaient beaucoup à cet arrangement, et que de là venait le conflit entre le maître et l'ouvrier.

Il a été constaté que ces désordres provenaient d'ouvriers qui voulaient commander aux autres, pour les exploiter et faire les bourgeois à leurs dépens.

Je citerai, par exemple, les boulangers ; ils sont également en société, ils discutent leurs salaires en conseil de famille, et ne peuvent traiter à l'amiable avec les maîtres ; ils ont des placeurs qui débattent le prix de la journée avec les patrons, et ces placeurs s'enrichissent aux dépens de l'ouvrier.

Enfin, une foule d'autres métiers se traitent de la même manière, ne serait-il pas temps d'apporter un remède efficace à tous ces abus ?

Voici ce qu'on pourrait faire : établir dans les douze arrondissements de la capitale, et dans les grandes villes industrielles, des établissements où les travailleurs de tous métiers viendraient se faire inscrire sur un registre, à leur arrondissement ou chef-lieu communal respectif ; ce registre serait tenu par un commissaire des travailleurs, qui remplirait les fonctions de contrôleur des livrets, que j'indiquerai plus loin dans le projet de pension ; ces établissements et les honoraires de ces fonctionnaires ne seraient pas à la charge du gouvernement , mais payés à l'aide de la contribution mutuelle.

CONTRIBUTIONS MUTUELLES.

L'Etat est autorisé à percevoir une contribution de un franc par mois, ce qui ferait douze francs par an, payés par chaque citoyen Français, âgé de vingt ans, sans distinction de caste ni de fortune, riche ou pauvre; seraient exceptés les militaires en activité de service. A l'aide de cette contribution l'Etat fera une pension viagère de quatre cent cinquante francs aux hommes âgés de soixante ans, il en sera de même pour les incurables, soit de naissance ou par suite de travail; on pourrait aussi venir en aide aux pères de famille par trop surchargés d'enfants ; les femmes recevront également des secours.

Une commission fixera les exceptions à faire pour les personnes en possession d'un revenu au-dessus du besoin, comme aussi on accorderait des primes d'encouragement aux travailleurs des campagnes, ainsi qu'à ceux des villes.

Il faut que la révolution de 1848 supprime la mendicité; depuis quelques années, elle est devenue une industrie ; il y a des exploitations en grand (1). On y fait des apprentis comme dans les métiers les plus honorables.

Je suis, quelquefois, tenté de croire qu'un démon invisible a voulu faire de nous un peuple de mendiants : le fruit en serait vraiment trop amer.

Les Français ne sont-ils pas tous appelés à choisir leur souverain, le vote universel ne nous indique-t-il pas qu'il faut que l'universalité des citoyens soit à l'abri du besoin. L'Assemblée législative ne souffrira pas que l'électeur vienne tendre la main à son élu.

L'Etat possède de grandes propriétés incultes, où l'on pourrait établir des colonies agricoles de discipline; ces colonies seraient exploitées à l'aide des fonds excédant des pensions.

Les citoyens, convaincus de vouloir se soustraire au droit commun du travail, seraient conduits dans ces établissements jusqu'au jour où ils reconnaîtraient que nul ne peut s'y soustraire.

La liberté, nous l'avons, l'égalité nous est acquise depuis longtemps, la fraternité peut également se mettre en pratique. Il faut que le gouvernement veille à ce que l'instruction soit bien administrée dans les campagnes ; que l'on ne l'oublie pas, cela est une des premières causes de la désertion des ouvriers de culture.

J'aurais voulu m'étendre beaucoup plus sur toutes ces questions, mais je suis ouvrier, il faut que je travaille pour vivre; ce n'est pas en écrivant que je pourrais faire honneur à mes affaires.

Cependant, j'espère que mon travail ne m'empêchera pas de mettre sur le papier les idées qui m'abondent.

Je me suis adressé à de grands personnages pour leur transmettre mes idées; quelques-uns m'ont fait réponse que le temps ferait plus que tout le reste ; d'autres m'ont dit que les ouvriers n'avaient besoin de rien. En dernier lieu,

---

(1) Il est à remarquer que les montagnes de la Savoie et du Piémont fournissent leur contingent à ses sortes d'industries.

je suis allé trouver un homme très honorable, à l'abri de
toutes passions politiques et riche propriétaire de notre département ; je lui ai soumis mon projet, il s'est emporté.
Monsieur de B... me porte beaucoup d'intérêt, il me croyait
la tête perdue de choses impraticables ; nous avons causé
longuement, il m'a engagé de temporiser, il m'a dit qu'il me
verrait toujours avec plaisir, que nous causerions à ce sujet.
Mon intention était de ne plus m'en occuper et de laisser à
d'autres, plus instruits que moi, ce soin ; mais la confiance,
parmi les travailleurs, ne reprend pas ; ils sont tourmentés
par des agents provocateurs qui leur disent que l'on ne veut
rien faire pour eux ; c'est pourquoi, au risque d'attirer sur
moi la critique et le ridicule des journaux, je tâcherai d'at-
teindre le but que j'indique.

J'ai adressé, à Monsieur le Président de la République,
mon projet ; j'ose espérer que le gouvernement et l'Assemblée législative le prendront en considération, et qu'ils nom-
meront une commission d'enquête, à qui je communiquerai,
à leur demande, les articles détaillés de mon projet. Le
proverbe dit : vouloir c'est pouvoir ; le suffrage universel
paraissait impossible et il a réussi avec succès ; la pension
mutuelle rencontrera beaucoup moins d'obstacles.

C'est alors, que le simple Français à l'étranger sera plus
qu'un prince Russe, car le Russe est esclave et le Français
est libre ; prouvons à l'Europe que si nous leur avons été su-
périeurs en armes, nous le sommes aussi en civilisation.

Prochainement paraîtra une brochure où je traiterai à
fond toutes ces questions.

Imprimerie de Madame de Lacombe, rue d'Enghien, 14.

ou

PENSION MUTUELLE

AUX TRAVAILLEURS

PAR

Léopold BOUTINOT.

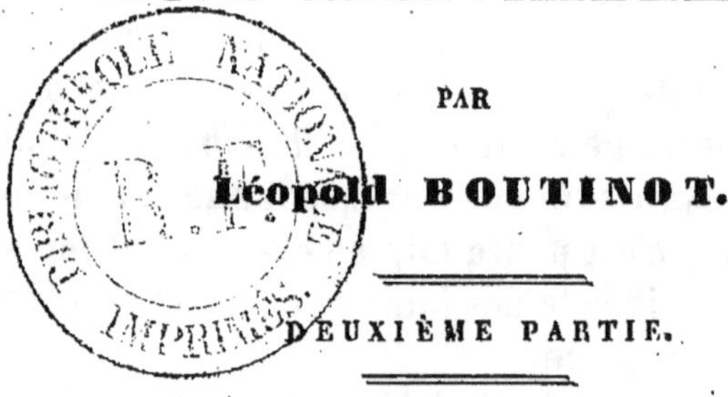

DEUXIÈME PARTIE.

CHAPITRE PREMIER.

Pension mutuelle aux Travailleurs.

Il ne faut pas l'oublier, la révolution de 1848, comme ses sœurs aînées, 89 et 1830, est le fruit d'une mauvaise administration gouvernementale, la confusion dans chacune de ses branches administratives, la mauvaise foi de la plupart de ses employés, la persistance des chefs à faire commerce des places qu'ils n'auraient dû donner qu'au talent et à la probité.

De là le désordre et le scandale qui ont amené la plupart de ces chefs devant les tribunaux de 1847.

Le monarque n'en était pas exempt ; il a donné lui-même le signal de la spéculation et de l'agiotage.

Les pairs de France, les députés, ne s'occupaient que de faire leur fortune ou celle de leurs amis particuliers.

Quant à la fortune publique, il n'en était pas question pour eux ; le mot d'ordre ministériel était : enrichissez-vous.

Belle maxime! aussi, les affaires particulières sont devenues détestables ; impossible à l'honnête homme de se livrer à son travail avec sécurité, au moment où il croyait récolter le fruit de son labeur de chaque jour et des quelques capitaux qu'il avait mis dans son entreprise, il se trouvait en face d'une ou deux faillites. Les débiteurs rusés, coquins, offraient dix ou quinze pour cent, ils s'étaient précautionnés de créanciers factices ; alors, à la réunion des intéressés, on faisait naître des pertes considérables. Les créanciers se trouvaient encore heureux d'accepter les offres de leurs débiteurs ; ces derniers obtenaient leur concordat, et puis, quelques mois après, on les voyait dans un élégant coupé éclabousser dans la rue les malheureux qu'ils avaient ruinés. Protégés par la loi, tous ces grands faiseurs volent impunément les honnêtes gens le code à la main.

C'est une des premières causes des misères de nos grandes villes ; si nos législateurs, plutôt que de s'occuper des intérêts d'une coterie, remplissaient loyalement leur mandat de député, ils mettraient un frein énergique à tous ces abus.

J'essaierai d'en indiquer le moyen possible dans mon projet de révision des lois.

Mon but n'est pas d'attaquer le dernier gouvernement ni de l'accuser de n'avoir rien fait pour le pays ; au contraire, tout le monde sait qu'il a ordonné de nouvelles voies de communication, telles que des grandes routes départementales, des chemins vicinaux pour les communes, des canaux, des chemins de fer ; certes, il a fait de grandes choses. Mais à qui ces travaux ont-ils profité? à la propriété !

Qu'a-t-on fait pour le travailleur ? rien !

Quoiqu'en disent certains partisans de la dernière monarchie, depuis 1830 le prix du salaire a-t-il augmenté ? Non !

Dans les villes, les locations des ouvriers ont augmenté d'un tiers, et le revenu de la propriété a doublé; vous voyez donc que l'auteur du livre de la propriété a tort de s'étonner des plaintes des ouvriers, il prétend qu'ils n'on jamais été si heureux.

Pauvre illusion, ce Monsieur voit le peuple au travers les damas de ses salons; il n'a jamais vécu avec les ouvriers, il n'est pas possible qu'il puisse connaître leurs besoins.

J'ai remarqué que tous les grands propriétaires ou capitalistes, ceux avec qui je me suis trouvé en rapport, ne voulaient pas croire aux misères de l'époque; ils voient les gens qui les entourent heureux, ils se figurent que tous les ouvriers sont de même.

J'ai cependant observé à plusieurs, qu'en effet, les gens de maison n'étaient pas malheureux parce qu'ils touchaient leurs gages chaque mois; ils étaient bien nourris, logés et habillés, et qu'aucun des ouvriers industriels n'avait ces avantages : qu'il ne pouvait y avoir de comparaison entre eux.

Il est donc de toute nécessité que la nouvelle Assemblée s'occupe de rechercher les moyens d'obvier à toutes ces misères. Sans rien changer aux institutions actuelles, il faut aussi qu'elle se garde bien d'entrer dans la voie que leur indiquent ces soi-disant réorganisateurs, qui n'ont réussi, jusqu'à ce jour, qu'à désorganiser, et qui ont poussé les hommes à la guerre civile.

J'ai vu tous ces utopistes à l'œuvre ; je les ai entendus prêcher leurs maximes. Pour les hommes qui ont travaillé, qui ont vu le monde et connaissent ses exigences, il n'y a rien de possible dans leurs théories.

D'ailleurs, leur mode d'association ne nous affranchirait pas de la mendicité. Il faut que chacun soit libre de gagner sa vie à sa manière.

Avec mon projet de pension mutuelle, liberté pleine et entière. L'homme aura quarante ans à lutter comme commerçant, ouvrier, industriel ou cultivateur, pour faire sa fortune.

Si, dans l'espace de ces quarante ans, il est malade, il recevra des secours en argent, médicaments et médecin. Si la maladie est incurable, il aura droit à la pension. De même, par manque de travail involontaire, il touchera des secours en argent.

L'homme qui, à l'âge de soixante ans, aurait un revenu de 1,200 francs au moins, serait excepté de la pension ; au-dessous, il aurait le droit de recevoir jusqu'à concurrence de cette somme.

Ainsi, celui qui, par suite d'économie, aurait 500 fr. de rente, plus ou moins, en y joignant la pension mutuelle de 450 fr., il se trouverait avoir un petit revenu de 950 fr., comme le plus malheureux des Français aurait 450 fr. (Les femmes recevront également des secours et ne paieront pas la cotisation.)

Ce serait un encouragement au travail ; il faut forcer les malheureux qui n'ont pas d'empire sur eux-mêmes à prévoir pour l'avenir.

L'éducation de l'enfant de l'ouvrier serait donnée gratuite, à l'aide de la contribution mutuelle qui serait fixe, comme je l'ai déjà dit, à 1 fr. par mois.

Aussitôt les colonies agricoles de discipline établies et en plein rapport, cette contribution pourra être diminuée de beaucoup. Pour le moment, c'est un peu plus de trois centimes par jour. Il ne peut pas y avoir d'ouvriers qui se refusent à faire cette cotisation, du moment que l'Etat s'en chargera, et qu'il leur garantira les secours indiqués plus haut. Un mois après la perception de cet impôt, on pourra servir immédiatement les secours et la pension.

Ce projet est le meilleur garant pour la propriété et la famille. Tous les Français, riches comme pauvres, auront intérêt à repousser ces ambitieux conspirateurs qui entraînent les masses avec de fausses promesses ; car sans les ouvriers, qui font une armée compacte et qui décide du succès des révolutions, il serait impossible à ces fauteurs de troubles de renverser un gouvernement établi.

CHAPITRE II.

J'ai vu la révolution de février ; j'ai marché dans les rangs de la garde nationale qui voulait la réforme, parce que je voyais avec peine le gouvernement rongé par les vices de son administration, et qu'il se refusait à toute innovation dans l'intérêt général.

Quoi qu'en disent certains détracteurs, c'étaient bien les vrais travailleurs qui ont fait cette révolution. Aussi on n'a eu aucun désordre à déplorer jusqu'au jour où les incapables ont pris les rênes du gouvernement. Les hommes qui avaient donné le signal de la révolution ont déserté la cause au moment où elle pouvait être avantageuse pour le pays.

Cependant, parmi les membres du gouvernement provisoire, il y avait des hommes loyaux, mais sans volonté, sans énergie ; ils se sont laissé déborder par une fraction qui avait rêvé le renversement de la société. Une fois au pouvoir, ces derniers se sont débarrassés des vrais ouvriers. C'est alors qu'ils se sont fait un entourage d'ouvriers factices qui ont empêché la reprise des travaux dans les ateliers, au nom de l'organisation du travail qu'ils ont désorganisé sur tous les points de la capitale.

Il fallait entendre ces misérables traiter d'aristocrates ceux qui prêchaient l'ordre. J'ai vu en face ces hommes de troubles d'avril et de mai. C'est alors que l'on pouvait voir, dans l'enceinte de l'Assemblée nationale, se préparer les tristes journées de juin : ceux qui étaient chargés de réprimer l'émeute ont laissé faire, parce qu'ils espéraient en tirer parti à leur avantage.

Les imprudents ! ils ont fait bien des victimes innocentes ! et ceux qui étaient coupables n'ont pas été châtiés. C'est alors que l'on pouvait voir les vrais ouvriers dans les rangs de la garde nationale, marcher courageusement pour l'ordre à la barricade, pour combattre la soi-disant république rouge.

Nous voulons la république pour tout le monde ! criaient-ils ; — et ils tombaient percés par le plomb fratricide. Leur sang a jailli sur ma tunique; il m'a pénétré au cœur !

Non ! les travailleurs ne veulent pas de la république rouge, pas plus que de la blanche ; ils veulent de la république des trois couleurs : c'est le vrai drapeau de la liberté.

CHAPITRE III.

Le baume qui doit cicatriser la plaie de l'époque est dans la solution du projet suivant :

Garantir du pain, des vêtements et un asile aux travailleurs sur leurs vieux jours, et prouver aux paresseux qu'il faut que chacun travaille pour vivre, en les envoyant dans les colonies agricoles de discipline, jusqu'au moment où ils reconnaîtront cette vérité.

C'est aux honnêtes gens qui composent la société de se réunir et d'envoyer à l'Assemblée nationale des représentants intègres et consciencieux. Il ne doit plus être question en France du nom de tel ou tel autre prétendant ; nous devons reconnaître pour chef celui que le suffrage universel nous indique.

Le chef de l'Etat doit gouverner dans l'intérêt général. Les classes bourgeoises ont aussi un devoir à remplir, elles qui sont appelées par leur position à fournir la majeure partie des magistrats et fonctionnaires publics ; il faut que ces dernières réfléchissent bien aux conséquences du mauvais vouloir qu'elles mettraient à rechercher les projets d'innovation les plus simples qui pourraient marcher de pair avec l'administration actuelle.

Il faut que ceux qui viennent solliciter les suffrages de leurs concitoyens pour la représentation nationale fassent abnégation de leurs opinions particulières, et qu'ils consultent celle du pays en général pour pouvoir défendre largement les intérêts de tous.

Le temps est passé où les préjugés opposaient une barrière infranchissable entre la bourgeoisie et les prolétaires ; le suffrage universel a brisé cette barrière, et si les hommes qui ont rêvé une restauration des temps passés voyaient les malheurs qu'ils attirent sur le pays, ils en seraient effayés et renonceraient peut-être à leur projet égoïste.

Malheureusement ces derniers (qui sont en minorité), possèdent une partie des grandes fortunes particulières , et ils s'en servent en ce moment, aidés par ceux qui ont perdu le gouvernement de juillet, pour arrêter la marche du progrès.

Les insensés, ils ne voient pas que ce char, guidé par le temps, peut les écraser tous s'ils persistent à entraver cette voie; il faudrait, au contraire, qu'ils aidassent à aplanir le chemin par où doit passer le cortége.

Un honorable citoyen, ancien magistrat, a compris mes idées; il m'a offert de partager le fardeau de ce travail avec moi, aussitôt les élections terminées, et de lui donner le poli nécessaire pour le mettre en rapport avec les lois existantes.

M. de Saint-G*** sera probablement élu représentant dans le département où il était préfet avant la révolution; il présentera mon projet lui-même à l'Assemblée nationale.

(*La suite prochainement.*)

Imprimerie de Mme de Lacombe, rue d'Enghien 14.

www.ingramcontent.com/pod-product-compliance
Lightning Source LLC
Chambersburg PA
CBHW050749070726
47597CB00009B/4140